EL VIAJE IMAGINARIO

LA EDAD DE LA AVENTURA

José María Merino
Ilustraciones de
José Ramón Sánchez

Altea

índice

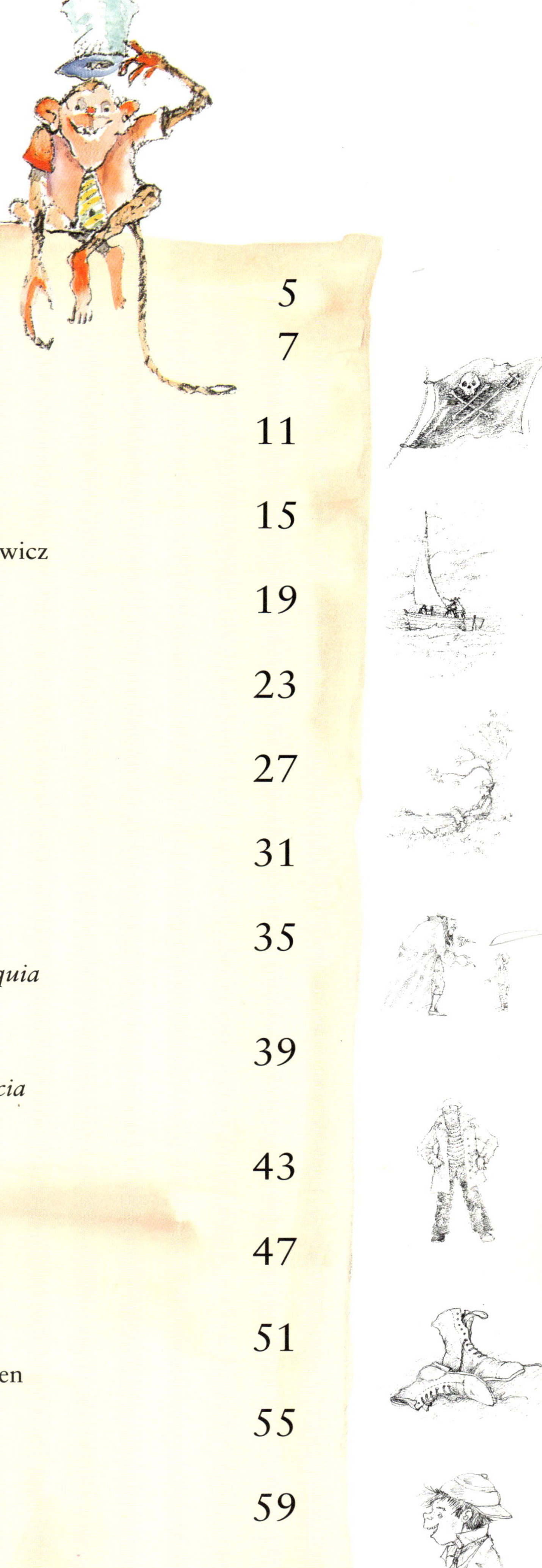

Prólogo

¿Por qué no iba a ser precisamente yo quien estuviese a la entrada de un libro como éste, para daros la bienvenida? Yo fui el primero que, con mis correrías de niño y de mozo, impresas hace muchísimos años en un libro, conseguí ser famoso en todo el mundo y hasta llegué a inspirar otras historias de personajes que imitaban mis fortunas, peligros y adversidades.

Claro que mis aventuras no fueron brillantes y desde luego que no se me puede presentar como modelo de chico bien educado. Nacido en una familia pobre y no demasiado honrada, ya desde niño hube de ganarme el pan con mi trabajo y educarme entre el polvo de los caminos, y en la carrera del vivir no tuve otros libros que los golpes y coscorrones que me daban, ni otros programas académicos que la habilidad con que debí ir aprendiendo a escabullirme. Serví a muchos amos, que me pagaron con hambres y falsedades, aunque recuerdo sobre todo al primero de ellos, un ciego al que guié por tierras de Salamanca, Ávila y Toledo: él fue quien me dio las lecciones fundamentales de astucia y disimulo que me sirvieron para sobrevivir a todas las desventuras y hacerme al fin lo que pudiéramos llamar un hombre de provecho.

Ahora os presento a otros chicos y chicas de la literatura. Como las mías, sus aventuras están recogidas en los libros. Si yo, en virtud de algún encantamiento, hubiera podido leer libros como éstos, además de los peñascales, barbechos y viñedos de mi infancia hubiese conocido también las altas cumbres, los rugientes océanos, los ríos enormes, los arenales sin límite, las selvas rumorosas, y estos personajes que ahora os presento me habrían permitido imaginar que en el mundo, junto a gente tan mezquina y cruel como a la que a mí me rodeaba, existía otra, capaz de obrar con desinterés y lealtad.

Para vosotros, todos los libros donde ellos viven son fáciles de conseguir. Si los leéis, además de compartir las aventuras de sus protagonistas, encontraréis unos amigos para toda la vida. Y ahora, adelante. Pasad a conocerlos.

Lázaro de Tormes

5

Heidi

Heidi,
de Johanna Spyri

Sus padres murieron cuando Heidi acababa de nacer y debió hacerse cargo de ella su tía Dete, en la aldea natal. Pero cuando Heidi tenía cinco años, la tía Dete consiguió un trabajo en la ciudad de Frankfurt y, como no podía llevarse a la niña, decidió dejarla con su abuelo, al que los habitantes de los alrededores llamaban el *Viejo de los Alpes*, un hombre enemistado con sus vecinos, que vivía en la soledad de la montaña, lejos del pueblo, desde hacía muchos años.

Así, durante tres años, Heidi vivió en las aisladas alturas montañosas con aquel hombre misterioso y temido. Pero un día, Dete encontró en Frankfurt un lugar para Heidi: la casa de los Sesemann, una familia muy distinguida, donde buscaban una compañera para la niña Clara, que estaba paralítica. De modo que Dete se llevó a Heidi de la montaña, convencida de que aquel traslado era un paso importante para mejorar la vida de su sobrina.

En casa de los Sesemann, Heidi fue para Clara una amiga cariñosa
y sus inocentes travesuras llenaban de regocijo a la enferma. Pero la nueva
vida de Heidi, llena de comodidades, buenos vestidos y comidas sabrosas,
no parecía satisfacerla. Había aprendido a leer y muy a menudo
se ensimismaba en un libro que le había regalado la abuela de Clara,
donde había historias que le hacían recordar los momentos más dichosos
de su existencia: y es que la vida junto a aquel *Viejo de los Alpes*
que la gente tanto aborrecía, había sido para Heidi de felicidad y plenitud.

Heidi añoraba la compañía de su abuelo, aquel
hombre tan huraño para los demás, como añoraba
la hermosa naturaleza de los altos valles, el brillo del sol sobre
los pastos, el murmullo del viento entre las ramas de los pinos,
el vuelo pausado del gavilán sobre las cumbres. Sentía también
la ausencia de los amigos que allí había tenido: Pedro,
el niño cabrero que la llevaba con él al monte, y su abuela ciega.
Y hasta recordaba a cada una de las cabras del rebaño.

En su gran cama de la casa de los Sesemann Heidi sentía nostalgia
de la cama de heno en que dormía en el desván
del abuelo, y la comida ciudadana no conseguía hacer
que olvidase el sabor de la leche recién ordeñada. Pero para
que sus anfitriones de Frankfurt no pensasen que era una ingrata, Heidi
se obligó a guardar en silencio su honda nostalgia y su secreto se convirtió
en una pena que, como una enfermedad, la fue consumiendo. Así, aquella
niña que había llegado de las montañas tan sana y robusta se fue volviendo
cada día más flaca y débil.

Por aquel tiempo, en la casa de la familia
Sesemann apareció un invisible visitante nocturno,
una especie de fantasma que, noche tras noche,
se deslizaba silencioso por los corredores y las escaleras
y abría las puertas exteriores de la vivienda.

La vigilancia de los temerosos adultos
consiguió al fin descubrir que el fantasma era la propia Heidi, que
buscaba por los caminos de los sueños los afectos y los lugares perdidos.

8

Sonámbula, Heidi se acercaba cada madrugada a aquellas puertas
para abrirlas, imaginando encontrar, en lugar de la calle
adoquinada que flanqueaban los altos edificios grises de la
ciudad, las largas laderas que iban escalonándose entre los
valles sucesivos, descendiendo hasta perderse en un horizonte
lejanísimo donde se difuminaba el verde claro de las praderas
y el oscuro de los bosques.

Conmovido por la nostalgia secreta de Heidi, el padre
de Clara decidió devolverla, cargada de regalos, a aquel lugar
perdido de las montañas. Pedro y su abuela tuvieron una gran alegría.
Las cabras brincaron de gusto. Y, lo que resulta más extraordinario,
el *Viejo de los Alpes* se puso un traje con botones de plata que tenía
guardado en lo hondo de algún baúl y bajó al pueblo,
para reconciliarse con la comunidad.

*Sobre todas las cosas, en aquellos días en que soplaba
el viento otoñal, a Heidi le gustaba el runrún
de los tres grandes pinos que estaban detrás de la casita.
De cuando en cuando dejaba sus quehaceres para escuchar
debajo de los árboles, porque nada le parecía tan bello como
aquel murmullo profundo y misterioso de las ramas.*

Jim Hawkins

LA ISLA DEL TESORO,
DE ROBERT LOUIS STEVENSON

A veces tengo malos sueños y en ellos escucho el oleaje retumbando contra la costa de aquella isla, una costa de ásperos roquedales y bosques grises, sobre cuya silueta se alzan los montes pelados y picudos que parecen los tres palos de algún navío deforme, o me incorporo sobresaltado en el lecho cuando la voz del loro de Silver, con la ronquera de los bebedores viciosos, rechina junto a mis oídos, chillando: «¡Reales de a ocho!, ¡reales de a ocho!» Pero despierto y resulta que estoy en mi alcoba, en la restaurada casa de mis padres: el rugido de las olas de mi pesadilla recupera su verdadera naturaleza y es el eco del mar cotidiano contra las playas que he conocido desde niño, y lo que yo había tomado por los graznidos del loro se convierte en el murmullo de las ramas que el viento mueve fuera de la casa.

Sin embargo, en esas noches vuelvo a recordar algunos de los episodios de aquella aventura que iniciaron veintitrés hombres además de mí y de la que regresamos, aunque muy ricos, apenas media docena. Recuerdo la llegada a la posada de mis padres de aquel capitán Billy Bones –la coleta embreada y en la cara una gran cicatriz– que entre borrachera y borrachera

11

recorría los alrededores de la posada, escrutando
la mar con su largo catalejo. El aspecto de aquel hombre
me hace evocar en seguida los tétricos rostros de quienes
fueron apareciendo después de él: el de *Perro Negro,*
un tipo pálido como el sebo, y luego el de Pew,
el terrible ciego encorvado que hacía sonar su bastón sobre
el camino con lúgubre repiqueteo.

En toda la aventura, el azar hizo que fuese
precisamente yo el decisivo protagonista: yo fui quien, tras
sacar la llave del cofre de entre las ropas del cadáver de Billy
Bones, encontré el mapa donde se describía la isla
y se señalaba el lugar exacto en que el tesoro del capitán Flint tenía
su escondrijo; yo, quien, en plena navegación hacia la isla, pude oír,
acurrucado dentro de un barril vacío, los planes del sangriento motín que
preparaban los que disimulaban su verdadera condición bajo la apariencia
de simples marineros; yo, quien, ya en la isla, tropecé con su único habitante,
Ben Gunn, el pirata abandonado allí años antes por sus compañeros;
yo, quien, en fin, conseguí hacerme con la goleta y encallarla en lugar
seguro, tras arriar la bandera negra, aunque en la empresa tuviese
que matar a un hombre cuyos ojos me vigilan a veces
también desde la niebla de las pesadillas.

El caballero Trelawney, el doctor Livesey
y hasta el capitán Smollet valoran mucho aquellas
acciones mías, y yo mismo me admiro de que un muchacho
como yo, que había tenido como principal experiencia
de la vida el servir comidas y bebidas en la posada familiar, fuese
capaz de mantener la cabeza tan clara y la voluntad tan dispuesta
en todos esos momentos, pero creo que lo que somos de verdad cada
uno de nosotros se demuestra especialmente en las situaciones graves
o difíciles, y que un muchacho, si no pierde la serenidad, puede tener
la osadía y el coraje que se atribuye sólo a la gente adulta.

Evoco todos aquellos episodios peligrosos
y sangrientos y me desvelo durante un buen rato. Claro
que pienso también en John Silver, *El Largo,* y, a pesar
de todo, no puedo por menos que sonreír. Y antes

de dormirme otra vez me pregunto nuevamente
cómo es posible que recuerde sin antipatía
a aquel asesino embaucador, capaz de urdir
cualquier traición para salvarse. Acaso
mi benevolencia hacia él provenga de que me trató
de igual a igual desde que le conocí: como
si yo fuese un curtido marinero, o como si él fuese un chico de apenas
quince años. Y aunque aquel hombre era tan hábil para el disimulo, siento
que, desde los inicios de nuestra relación, cuando me fue mostrando
las diferentes clases de navíos en los muelles de Bristol,
su compañerismo conmigo tenía el aire de las actitudes sinceras.

Así, no solamente le recuerdo sin antipatía, sino
que espero que, en alguna costa del mundo, aquel marinero
de la pata de palo haya conseguido al fin hacer las paces
con sus semejantes.

"Quince hombres sobre el cofre del muerto,
oh, oh, oh, y una botella de ron.
La bebida y el diablo se llevaron al resto,
oh, oh, oh, y una botella de ron."

Stas y Nel

A través del desierto y de la selva,
DE HENRYK N. SIENKIEWICZ

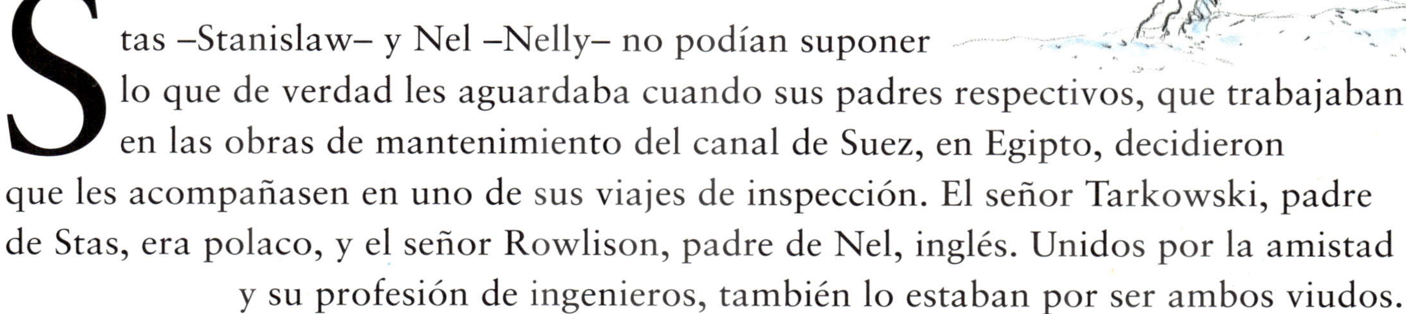

Stas –Stanislaw– y Nel –Nelly– no podían suponer
lo que de verdad les aguardaba cuando sus padres respectivos, que trabajaban
en las obras de mantenimiento del canal de Suez, en Egipto, decidieron
que les acompañasen en uno de sus viajes de inspección. El señor Tarkowski, padre
de Stas, era polaco, y el señor Rowlison, padre de Nel, inglés. Unidos por la amistad
y su profesión de ingenieros, también lo estaban por ser ambos viudos.
Sus hijos, a pesar de la diferencia de edad –Stas tenía catorce años
y Nel sólo ocho– se sentían tan cercanos como dos hermanos bien
avenidos. Esperaban encantados aquella excursión,
que les permitiría visitar lagos y oasis solitarios y conocer
de cerca a los animales salvajes.

Era el año 1884 y en el Sudán, al sur de Egipto,
un jefe religioso, Mohamed Ahmed, conocido por
El Mahdi –"El Salvador"– a la cabeza de numerosos
seguidores, los llamados derviches, luchaba ferozmente
contra la dominación europea de aquellos territorios.
Con el pretexto de cambiarlos por la familia, retenida
por los europeos, de uno de los seguidores de *El Mahdi*,
Stas y Nel fueron secuestrados por los mismos que debían

llevarlos en compañía de sus padres, y la esperada excursión familiar
resultó un terrible viaje a lomos de camellos y a través del desierto,
siguiendo la dirección del Nilo, río arriba. A las duras
condiciones del transporte se unía la brutalidad
de sus secuestradores y Stas comprendió que sólo mediante
su permanente protección podría lograr que la frágil Nel
sobreviviese. Aquella actitud lo enfrentó con sus crueles raptores,
que en la primera etapa de su aventura los llevaron a la lejanísima
ciudad de Jartum, muy lejos de su punto de partida, en penosas
jornadas, entre tormentas de arena, rodeados de lobos y chacales.

Jartum había sido conquistada
por los derviches y los vencidos sufrían castigos
sangrientos. El propio *Mahdi*
ordenó que el muchacho
y la niña fuesen trasladados
a otra ciudad más al sur,
diezmada por el hambre
y las epidemias. Desde aquella ciudad,
la búsqueda del hombre cuya familia debía
ser objeto del canje de Stas y Nel continuó aún más lejos,
donde se suponía que aquél estaba, dedicado a la caza de indígenas, para esclavizarlos.
La ferocidad de sus captores, cada vez más irritados por no haber percibido aún ninguna
recompensa por su secuestro, llegó a tal punto que Stas temió por su vida y, sobre todo,
por la de Nel. En un momento desesperado, en que le permitieron usar su rifle para abatir a
un león que amenazaba a todo el grupo, consiguió matar también a sus raptores.

Desde entonces, acompañados por dos nativos, Kali y Mea, continuaron
su dificultoso viaje, internándose en la selva. Como animales de compañía, al mastín *Saba*
se uniría un elefante liberado por los jóvenes aventureros de una trampa mortal.
Por medio de cometas fabricadas con restos de papel y vejigas secas de peces,
que echaban a volar cuando soplaba el viento, intentaban difundir mensajes
en petición de ayuda. La salud de Nel era motivo de mucha preocupación para
Stas que, para curar la fiebre de su amiga, pudo conseguir al fin medicinas
de un explorador perdido y agonizante. El trabajoso viaje estaba
amenazado sin cesar por las fieras y las inclemencias del clima, pero
el coraje de Stas y su voluntad de proteger a la animosa Nel
conseguía ir superando las adversidades, con la ayuda
de los jóvenes nativos.

Mientras se dirigían hacia un gran lago del que les hablaban los pobladores
de las aldeas dispersas entre la selva, los aventureros localizaron la tribu de Kali,
que resultó hijo del rey, y se vieron envueltos en una violenta guerra tribal.
Pero el último trecho del viaje, rumbo a Mombasa, en la costa
del océano índico, sería el más peligroso. Stas y Nel estaban
a punto de morir de sed, cuando la suerte les hizo
encontrarse con un grupo de exploradores que,
advertidos de su existencia por una de las cometas,
recorrían en su busca aquellos territorios desolados.

Al fin pudieron abrazar a sus padres.
Su involuntaria aventura les había hecho recorrer
más de cuatro mil kilómetros.

*"Nelly Rawlison y Stanislaw Tarkowski, enviados
de Jartum a Fashoda y llevados de Fashoda al este
del Nilo, se han escapado de los derviches. Después
de meses de viaje, han llegado cerca de un lago situado
al sur. Se dirigen hacia el océano.*
NECESITAN AYUDA URGENTE."

Ralph Rover

La isla de coral,
de Robert M. Ballantyne

Medio ahogados y exhaustos, habíamos
sido arrojados a la playa por las olas.
Éramos los únicos supervivientes
de la terrible tormenta que echó a pique nuestro barco.
Jack tenía entonces dieciocho años, Peterkin catorce y yo acababa de cumplir los quince.
Los tres éramos marineros, y a mí el oficio me venía de mis tatarabuelos. Además
de las ropas que llevábamos puestas al naufragar, todos nuestros tesoros
–así los llamo porque fueron las herramientas que nos ayudaron a sobrevivir–
eran un hacha, una navaja pequeña con una sola hoja mellada, un lapicero metálico
con un pedazo de mina, cinco o seis metros de cinta de cuero, una aguja pequeña
de coser velas y la abrazadera de hierro de sujetar un remo roto. También poseíamos
un catalejo y una sortija de bronce, pero sobre todo algo que no tenía peso
ni volumen: la memoria de los libros de viajes y aventuras que Jack había leído
–entre otros, *Robinson Crusoe*– y que le habían enseñado a identificar los frutos
comestibles y las plantas útiles, a encender fuego haciendo girar un palito y hasta
a ensamblar la madera para construir un bote.

La isla tenía unos quince kilómetros de diámetro.
Como un anillo, la rodeaba un arrecife
de coral donde rompían las olas,
y entre el arrecife y la interminable
playa de arena blanquísima
de la orilla, las aguas transparentes

19

y quietas dejaban ver el fondo lleno de algas y peces multicolores.
La isla tenía dos montañas, arroyos de agua dulce
y una vegetación frondosa en que alborotaban muchas clases de aves,
entre los cocoteros, los árboles del pan y otras especies desconocidas
para nosotros. Ningún ser humano la habitaba. Las exploraciones
por tierra nos permitieron descubrir sus parajes recónditos
y hasta los restos de antiguos naufragios, como la cabaña
antigua, semiderruida, que ocultaba los esqueletos
de un hombre y de un perro. Hallamos también una cueva
submarina –la Gruta Diamantina–
en la que sólo buceando se podía entrar.
Las exploraciones en nuestro bote
nos llevaron a islotes de pinguinos,
nos acercaron a los delfines,
los cachalotes y los tiburones.
A veces sufrimos los efectos de terribles
fenómenos atmosféricos. Un temporal
nos obligó a permanecer en el bote tres días con sus noches.

Conseguimos fabricar algunas armas: Jack se hizo
arquero, Peterkin manejó la lanza y yo lanzaba piedras
con una honda hecha de fibra vegetal. Con la práctica, acabamos
siendo tiradores muy diestros. La existencia de nuestra pequeña comunidad
pasaba entre largas charlas, baños, juegos, excursiones y partidas de caza y pesca.
Con el tiempo, conseguimos cocinar comida cada vez más sabrosa y abundante: carne
a la brasa de cerdo y de pato, patatas y batatas asadas. También comíamos
gran variedad de fruta. La verdad es que apenas nos acordábamos de nuestros
hogares, ni de la vida del mundo civilizado.

Todo eso es lo que quiero evocar de la isla
de coral. No quiero hablar del día en que llegó a nuestra
isla la crueldad y la muerte: aquellos indígenas en largas
canoas acosados por otros que pretendían matarlos
y devorarlos. No quiero recordar la visita de aquella goleta
de hombres blancos, mitad piratas, mitad traficantes tramposos,
tan salvajes como los propios caníbales, ni cómo me capturaron,
separándome de mis compañeros, y me llevaron lejos de la isla.
Tampoco hablaré de la hermosa Avatea, una indígena amiga

que iba a ser sacrificada por sus enemigos, ni de Bill, aquel pirata
a quien llamaban *El Sanguinario*, pero que no tenía el corazón
tan endurecido como sus compañeros y que murió a mi lado
mientras huíamos, únicos tripulantes de la goleta. Me quedé
solo en el barco y muy lentamente, navegando con la ayuda
de aparejos improvisados, muchos días después conseguí regresar
a la isla y reunirme con mis compañeros.

El deber de salvar a Avatea nos obligó a alejarnos
de la isla de coral. El perfil de las montañas oscuras, rodeadas
por la masa verde de la vegetación, y el brillo plateado
de las olas deshaciéndose contra el arrecife de coral   fueron
quedando cada vez más atrás, hasta desaparecer.
Ya nunca regresamos allí.

*"Viajar y conocer nuevas tierras fue siempre y es todavía mi pasión
dominante, la razón de mi existencia. Tanto en la niñez como
en la adolescencia, y lo mismo en mi edad madura, he sido siempre
un trotamundos, y mis correrías no se han limitado a los valles
y las cumbres de los montes de mi tierra, sino que mis entusiastas
ambiciones han abarcado siempre el mundo entero."*

Tom Sawyer

Ahora tienes que procurar no desfallecer, Tom Sawyer, aunque te rodee la oscuridad tenebrosa y sientas el aliento húmedo de la cueva como una fría respiración amenazadora. No pienses en el hambre y en el sueño, no pienses en que pueden haber transcurrido ya muchos días desde que os perdisteis en esos pasadizos, dando vueltas y vueltas más allá de los arroyos y de los lagos subterráneos, más allá de la zona de estalagtitas.

La tarde festiva,
de excursión y juegos,
ha quedado ya muy lejos,
con la alegría de los demás escolares
y la sabrosa merienda. Sin duda en vuestro
titubeante vagar Becky y tú habéis debido
recorrer muchos kilómetros, alejándoos cada
vez más de la boca de la cueva, que es la única
salida conocida, internándoos con vuestros
pasos desorientados en ese indescifrable
entrelazamiento de profundas grutas
que nadie ha recorrido jamás.

Tienes que procurar no desfallecer: no pensar
en los grandes murciélagos colgados sobre vosotros
en la negrura y sobreponerte a la angustia de haber visto
cómo las velas se fueron consumiendo lentamente, hasta
que la llama se extinguió al final del pabilo y os echó a esa
oscuridad en que no se puede andar sin correr el riesgo
de despeñarse por algún abismo invisible. Sobre todo, no pensar
en que el único ser humano que recorre esos mismos lugares
es el indio Joe, el asesino vengativo a quien tú te atreviste
a denunciar ante un tribunal, para salvar la vida de un inocente.

Tu fortaleza es la única esperanza que os queda. Becky, agotada
ya, se ha quedado dormida: has palpado su cuerpo, su rostro, el espesor
de sus trenzas. Si no eres capaz de encontrar una salida, ella y tú moriréis,
y aquel pedazo de pastel que ella llamó *de bodas*
y que selló vuestra reconciliación se habrá convertido
en la comida de un banquete funeral.

No desfallezcas. Acaso no sea mala esa idea
de explorar en lo oscuro, señalando el camino por medio
del bramante de cometa que guardas en el bolsillo, tras atarlo
a un saliente en el lugar donde se encuentra Becky. Tú, que has leído
en los libros tantas historias de caballeros andantes y de héroes antiguos, sabes que gracias
a un hilo como ése logró Teseo liberar a Ariadna y escapar del laberinto del Minotauro.

Echa a andar, Tom. Vete con cuidado, arrimándote a las pegajosas paredes, arrastrando
con cautela los pies, pero no te detengas, no desfallezcas, sigue buscando entre la oscuridad,
a pesar del temor y de la congoja.

Si consigues encontrar una salida habrás salvado la vida
de Becky y la tuya, y en seguida podrás comer y descansar,
y cuando lo hayas hecho podrás decirle a Huck Finn que
estás seguro de haber encontrado, precisamente en esa
cueva que ahora te aprisiona en la total ceguera, el escondite del tesoro que el indio
Joe y el mejicano hallaron en la Casa Encantada. Y seréis inmensamente ricos,
y podrás correr todas las aventuras que desees, y hasta organizar una banda
de ladrones generosos o fletar un galeón pirata, con Huck, Joe, Ben y los demás,
para llevar a cabo de verdad las proezas imaginadas en aquella escapatoria
a la isla de Jackson.

No desfallezcas, Tom Sawyer, olvida el hambre y el cansancio, la falta de respuesta a vuestros gritos retumbantes, la desesperanza de tantas horas.

Todavía queda hilo, Tom, sigue avanzando, sigue. ¿No sientes ahora un poco de brisa en las mejillas? Se ha acabado el cordel, pero ¿no relumbra a lo lejos, en lo oscuro, una especie de claridad?

¡Sigue, Tom, sigue, mira, es luz, la luz que entra por una abertura entre la tierra! ¡Has encontrado una salida! ¡Sal afuera, Tom, sal al día, contempla el ancho cuerpo del río Mississippi deslizándose a tus pies!

Mientras ambos muchachos caminaban tristemente, hicieron un nuevo pacto de ayuda mutua, de ser hermanos y no separarse jamás hasta que la muerte les aliviase de sus penas. Joe tenía el propósito de hacerse ermitaño y vivir de mendrugos en una cueva remota, y morir, algún día, de frío, de necesidad y de dolor; pero después de escuchar a Tom, admitió que en una vida de crimen había ciertas ventajas notables, de modo que consintió en ser pirata.

Huck Finn

Las aventuras de Huckleberry Finn,
DE MARK TWAIN

Yo mismo escribí este libro,
con el relato de mis aventuras
río abajo. El señor Mark Twain ha contado
de qué manera Tom Sawyer y yo nos hicimos ricos. Alguna
mentira metió, y no es de extrañar en una persona que ni siquiera firma con su nombre
verdadero. El caso es que a mí la riqueza me sirvió para perder la libertad: me pusieron bajo
la tutela de la viuda Douglas y de su hermana, la señorita Watson, que me hacían calzar zapatos
y vestir ropa nueva, y que me obligaron a estudiar. Claro que aprendí a leer
y a escribir, por lo menos. Pero las noticias de mi riqueza se propagaron
rápidamente y un día apareció el borracho de mi padre. Se mostró
indignado de que intentasen convertirme en un ciudadano decente y,
sobre todo, de que no le dejasen a él administrar mi fortuna,
de modo que me hizo seguirle hasta una cabaña del bosque, donde
me sacudía bastantes palizas y me mantenía encerrado cuando
se iba a beber. Harto de él, preparé con cuidado mi huida
y dejé huellas como si se hubiese cometido un crimen horroroso,
en el que yo hubiera sido la víctima. Ni Tom Sawyer lo hubiera
hecho mejor: sólo faltaba el cuerpo. Pero el cuerpo, bien vivo,
iba río abajo, rumbo a la solitaria isla de Jackson. Allí descubrí
señales de otro habitante y me encontré al fin con Jim,
el esclavo de la señorita Watson.

Me dijo que había huido porque su ama quería venderlo a gente
del sur, separándole así de su familia. Jim es un buen hombre
y siempre se ha portado bien conmigo. Ya sé que es un delito ayudar
a escapar a un esclavo fugitivo, pero yo lo hice. Pensamos dirigirnos
hacia algún estado donde no estuviese permitida la esclavitud.

El río iba creciendo y nuestra vida fue empeorando. Una serpiente
de cascabel picó a Jim y, buscando la manera de ayudarle, me enteré
de que le echaban la culpa de mi supuesta muerte. Seguimos río abajo y fuimos
encontrando los efectos de la riada. En un vapor naufragado, unos granujas
se ajustaban las cuentas. Luego, un barco golpeó nuestra balsa y nos separamos.
Yo viví un tiempo en casa de una familia enfrentada
a otra por una larga venganza, que también fue sangrienta
en el episodio que yo conocí. Nos reunimos y seguimos viaje,
navegando de noche y descansando de día. Las aguas arrastraban
muchas cosas: hasta una cabaña
con un cadáver dentro.

Una vez llegaron dos tipos,
un viejo calvo de barba blanca
y otro joven, perseguidos por hombres
y perros. El joven dijo que él era
duque, y el viejo, que él era el mismísimo heredero de aquel
rey, Luis no-sé-cuántos, al que cortaron la cabeza
en Francia. A partir de entonces Jim y yo estuvimos
a su servicio. Era gente capaz de cualquier cosa
con tal de sacarle dinero a los demás: predicaban,
vendían productos curativos y hasta hacían
comedias, disfrazado el viejo de una doncella
enamorada llamada Julieta y el joven de Romeo,
su galán. En nuestro descenso por el río,
el rey y el duque supieron que acababa de morir un hombre
en una aldea y que sus huérfanas estaban esperando
la llegada de unos parientes de Inglaterra. El rey
y el duque fingieron ser los parientes y se hicieron
con el dinero del muerto. Yo puedo ser ignorante, sucio
y perezoso, pero no podía tolerar que aquellos
sinvergüenzas le robasen su herencia a tres indefensas
muchachas, así que conseguí impedirlo, antes de salir
huyendo otra vez.

Las cosas se torcieron
y Jim quedó preso en casa
de una gente que resultó
ser familia de Tom Sawyer
y que, cuando llegué yo,
me tomó por él. Luego
vino el verdadero Tom
y se hizo pasar
por su hermano Sid.
Un verdadero lío.
Tom planeó liberar
al negro Jim de su
prisión, pero
poniendo
obstáculos, para
que la hazaña tuviese más mérito. Tom ha leído muchos
libros, y entre todos ése de *Don Quijote,* en que un mago
estaba siempre confundiéndolo todo. Tom complicó
tanto la liberación de Jim que parecía que hubiera
un mago por medio. Y total, para que Jim escapase
hubiera bastado con arrancar una tabla del ventanuco
de la cabaña en que estaba encerrado y levantar la pata
de la cama para soltar el grillete. A Tom le gusta
demasiado la vida aventurera. Yo no digo que no esté
bien, pero prefiero estar como ahora, sentado en la orilla
con los pies en el agua, viendo pasar la enorme
corriente del río. Para mí, no hay mayor
aventura que sentir la libertad.
Palabra de indio.

*Es maravilloso vivir
en una balsa. Teníamos el cielo
allá arriba, todo salpicado
de estrellas, y solíamos tumbarnos
de espaldas y mirar las estrellas
y discutir sobre si fueron hechas
o sólo ocurrieron. Jim creía
que fueron hechas, pero yo creía
que ocurrieron; pensé que hubiera
costado demasiado tiempo hacer
tantas.*

Dick y Joanna

La Flecha Negra,
de Robert Louis Stevenson

Ahora soy muy viejo y me llaman Fray Honesto, pero hace años tuve otros nombres y uno de ellos fue, ciertamente, ese de *Sin Ley*. Entonces vivía en una cueva, entre las raíces de una enorme haya, en el corazón del verde bosque. Andaban también por allí otros hombres, huidos de la desmedida avaricia de los señores que los habían dejado en la pobreza, obligándoles a cambiar los aperos de labranza por el arco y las flechas para defender su vida y la de sus familias, que era lo único que les quedaba. Y aunque llevo mucho tiempo dedicado solamente a la oración en la paz de esta abadía, no tengo empacho en reconocer que luché a las órdenes de *Juan Arreglalotodo,* el capitán de la Compañía de la Flecha Negra, y que no me temblaba el pulso cuando mis flechas atravesaban el corazón de alguno de nuestros feroces perseguidores.

Estaba en la plenitud de su violencia esa guerra que durante más de tres décadas enfrentó a la Rosa Roja de Lancaster y a la Blanca de York. Fue por aquellos tiempos cuando conocí a sir Richard Shelton, que era entonces un muchacho de dieciocho años al que todos llamábamos Dick. Huérfano, Dick había crecido bajo la tutela de sir Daniel Brackley, señor de Tusntall, y con él había aprendido a ser buen jinete y diestro con el arco y la espada. Pero Dick ignoraba que sir Daniel –que tenía

tanta facilidad para disfrazarse como para
cambiar de bando– era uno de los principales
culpables de la muerte de su padre. Así,
los alegres forajidos del verde bosque
inventamos unas coplas en que se pregonaba
el crimen, amenazamos de muerte
a los asesinos y empezamos a castigarlos.

Sir Daniel Brackley oprimía también a
una hermosa muchacha, Joanna Sedley, y pensaba
enriquecerse con su boda, como se enriquecía
administrando los bienes de Dick Shelton. Pero la casualidad hizo que Dick y Joanna
se encontraran, mientras ella intentaba escapar de las manos de sir Daniel disfrazada
de muchacho. Se dice que, en esa aventura, ella salvó a Dick de perecer ahogado,
y también que hubo entre ambos desavenencias y que Dick estuvo a punto de pegar
a su compañero. El caso es que Dick acabó descubriendo que lo que él había tomado
por un chico enclenque era una bella joven, quedó enamorado de ella y la convirtió
en la dama de sus pensamientos.

Dick supo también que su tutor y sus antiguos maestros
autores, con otros crímenes, de la muerte de su padre, y se hizo
enemigo de ellos. Debo decir que Dick y yo, disimulados con há
religiosos, entramos en la fortaleza de sir Daniel para evitar
que casasen a Joanna con el pretendiente que aquél le h
impuesto. Las cosas no salieron como esperábamos
–digan lo que digan, la culpa no la tuvo sólo el vino
que yo bebí con un poco de exceso– y Dick
y yo acabamos separándonos.

Lo demás lo conoce todo el mundo, pues hasta
hay baladas que lo cuentan: cómo Dick ayudó desinteresadamente al pérfido
Richard de Gloucester, entonces duque, al que hostigaban a la vez varios
soldados, y cómo en el mismo día ganó el favor del duque y lo perdió:
lo primero, al ser armado caballero de la propia mano del duque, por su
intrépido comportamiento en la batalla de Shoresby; lo segundo, al granjearse
la antipatía del mismo que le había armado caballero, por pedir que, sobre
cualquier otra gracia, se le hiciese la de perdonar la vida a un marinero
a quien iban a ahorcar.

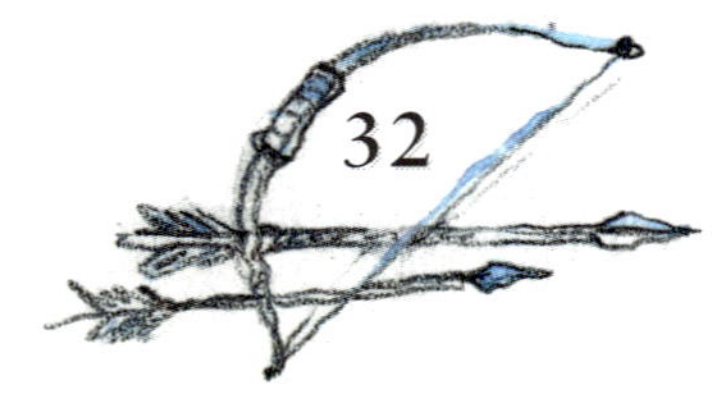

Pero al fin Dick consiguió lo que quería,
que era casarse con Joanna, y ambos prefirieron la vida
en el verde bosque a las comodidades de la corte,
y por el verde bosque galopan y juegan y cazan ahora
con sus hijos y sus hijas. A veces vienen a visitarme
a la abadía y mientras atardece sobre la frondosa arboleda
hablamos de muchas cosas y recordamos las antiguas
leyendas de dragones y de hadas, y las hermosas fábulas
en que los caballeros protegían a los débiles y combatían
por el triunfo de la justicia, esas gloriosas historias
en que la propia estimación no se podía comprar
ni con todo el oro del mundo.

*"Cuatro flechas negras cuelgan de mi cinto
por cuatro dolores que llevo sufridos.
Cuatro flechas negras cuelgan de mi cinto
para cuatro hombres que me han oprimido.
Cuatro flechas negras soltaré certero
para que atraviesen su corazón negro.
Caed de rodillas y rezad al cielo.
Vuestra hora ha sonado.
Estáis casi muertos."*

**Juan Arreglalotodo del Verde Bosque
y sus alegres compañeros**

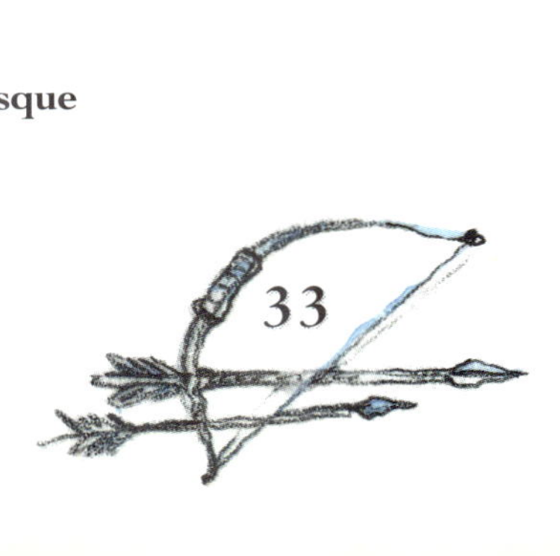

33

Oliver Twist

Oliver Twist, o las andanzas del muchacho de la parroquia, de Charles Dickens

¡Chicos y chicas, no dejéis que se os escape la historia de Oliver Twist!

Es una aventura cuyos momentos más intensos no transcurren en selvas exóticas, desiertos salvajes o mares lejanos, sino en escenarios menos atrayentes: entre las paredes y dependencias de un sombrío hospicio parroquial y en las sucias callejuelas de suburbios muy pobres. Pero a pesar de lo poco agradables que os puedan parecer tales lugares, hay en la historia emoción verdadera, misterio y dramatismo, y muchísima intriga.

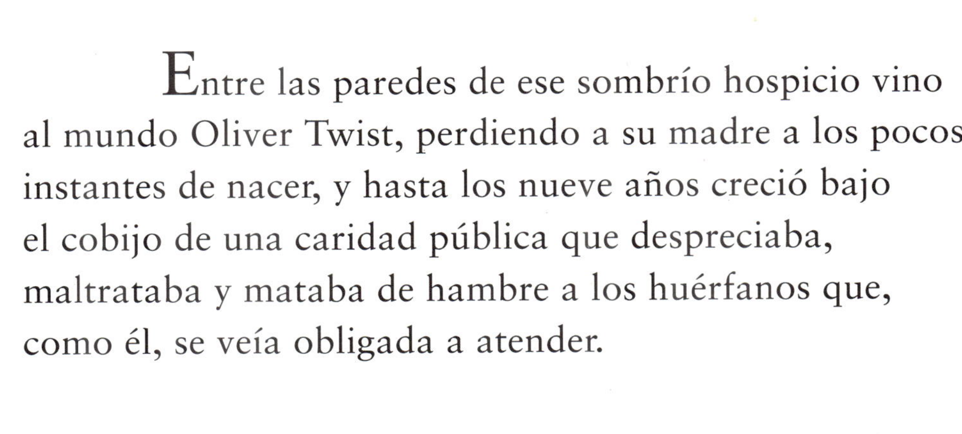

Entre las paredes de ese sombrío hospicio vino al mundo Oliver Twist, perdiendo a su madre a los pocos instantes de nacer, y hasta los nueve años creció bajo el cobijo de una caridad pública que despreciaba, maltrataba y mataba de hambre a los huérfanos que, como él, se veía obligada a atender.

Precisamente por pedir más comida –las inmundas gachas, que eran el único alimento de los hospicianos–, Oliver fue considerado rebelde y puesto a disposición de los comerciantes del pueblo como mano de obra gratuita, y ejerció su primer empleo a las órdenes del encargado de la funeraria, que aprovechaba el lamentable aspecto del niño –aquel rostro tan pálido y su extrema delgadez– para acentuar la tristeza de las ceremonias de los entierros. Más tarde, ya en Londres –adonde se vio obligado a huir acosado por la crueldad de sus cuidadores–, Oliver recorrió los oscuros rincones de los suburbios míseros e insalubres.

Siguiendo las peripecias de este huérfano desvalido, golpeado y hambriento, conoceréis un asombroso mundo de malos sujetos: entre otros, el vanidoso señor Bumble, celador del hospicio, de corazón tan duro como su mollera; el brutal jovencito Noah Claypole, que se consuela de su mísera condición haciendo sufrir a los que son más débiles que él; el pérfido viejo Fagin, cuyo negocio son las cosas robadas por los infelices muchachos y muchachas a los que explota y, si es preciso, deja ahorcar; el joven ratero John Dawkins, alias *El Artero Perillán*, completamente corrompido por la influencia de Fagin; el señor Fang, autoritario, estúpido y despiadado comisario de policía; Bill Sikes, delincuente que ha perdido el último atisbo de humanidad y que tortura sobre todo a su perro y a su compañera, la única persona que le quiere...

Y, sobre todo, conoceréis al diabólico Monks, que ha aborrecido a Oliver desde antes de su nacimiento y cuyo odio inextinguible ha sido la causa de las principales desgracias del huérfano.

Siguiendo las aventuras de Oliver Twist, que siente instintiva repugnancia a causar daño a los demás, conoceréis también, junto a tantos individuos perniciosos, a otros capaces de respeto y amor: la pobre Nancy, compañera de Bill Sikes, que intenta impedir la definitiva pérdida y ruina de Oliver jugándose la vida; el anciano señor Brownlow, lector empedernido, que se compadece de Oliver por encima de su andrajoso aspecto y a pesar de las acusaciones de robo que pesan sobre el muchacho; la señora Maylie, que ha dado también su afecto a una pobre muchacha abandonada; el pequeño hospiciano Dick, que desde el abismo de su desdicha no deja de desear el bien de su amigo Oliver.

En esta aventura, escrita con mucha piedad pero también
con mucho humor, hay retratos enigmáticos, guardapelos robados
que evocan importantes testimonios, curiosos encuentros
y sorprendentes secretos. La historia, que es mucho más alegre
al final que al principio –para fortuna de su protagonista–,
fue publicada hace más de ciento cincuenta años y,
desde entonces, ha interesado y conmovido –y hasta hecho reír–
a centenares de personas inteligentes y sensibles.

Seguidla vosotros también y dejaos
interesar y conmover por ella. Es bastante probable
que nunca la olvidéis.

CINCO GUINEAS DE RECOMPENSA
Por cuanto un muchachito de nombre Oliver Twist abandonó
o fue persuadido a abandonar su residencia en Pentonville
el pasado jueves por la tarde, sin que desde entonces se haya
vuelto a saber de él, se abonará la mencionada recompensa a
quienquiera que pueda facilitar información conducente
al hallazgo del dicho Oliver Twist o contribuya a esclarecer
su pasado, en el que el anunciante, por muchas razones,
está vivamente interesado.

37

Nils Holgersson

EL MARAVILLOSO VIAJE DE NILS HOLGERSSON
A TRAVÉS DE SUECIA,
DE SELMA LAGERLÖF

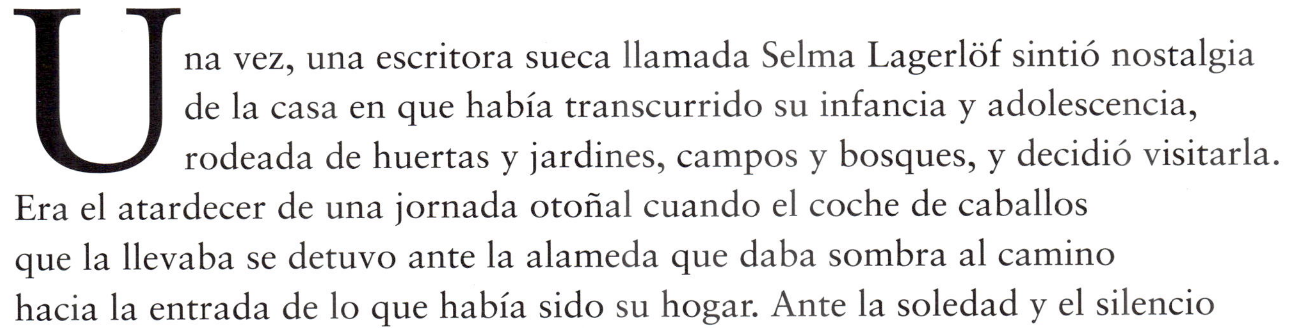

Una vez, una escritora sueca llamada Selma Lagerlöf sintió nostalgia
de la casa en que había transcurrido su infancia y adolescencia,
rodeada de huertas y jardines, campos y bosques, y decidió visitarla.
Era el atardecer de una jornada otoñal cuando el coche de caballos
que la llevaba se detuvo ante la alameda que daba sombra al camino
hacia la entrada de lo que había sido su hogar. Ante la soledad y el silencio
de la casa, ya deshabitada, Selma sintió mucha pena por la diferencia entre aquel
tiempo de su recuerdo, lleno de vida y animación, y el tiempo presente, mortecino
e inmóvil, y los ojos se le llenaron de lágrimas.

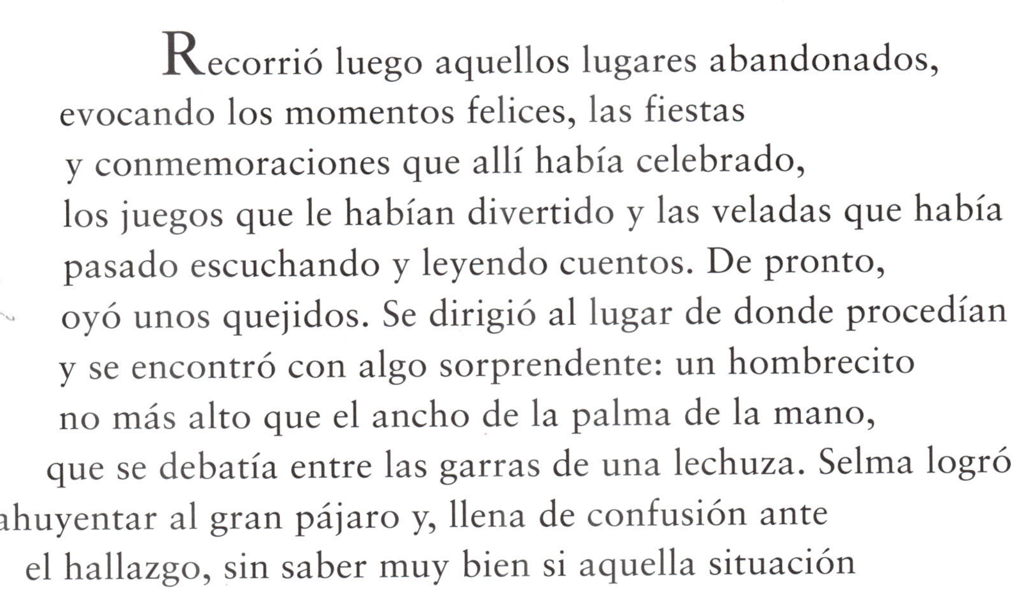

Recorrió luego aquellos lugares abandonados,
evocando los momentos felices, las fiestas
y conmemoraciones que allí había celebrado,
los juegos que le habían divertido y las veladas que había
pasado escuchando y leyendo cuentos. De pronto,
oyó unos quejidos. Se dirigió al lugar de donde procedían
y se encontró con algo sorprendente: un hombrecito
no más alto que el ancho de la palma de la mano,
que se debatía entre las garras de una lechuza. Selma logró
ahuyentar al gran pájaro y, llena de confusión ante
el hallazgo, sin saber muy bien si aquella situación

pertenecía a la vigilia o si la estaba soñando, comenzó a hablar
con el minúsculo ser, al que tomó por uno de esos duendes
de los relatos fantásticos.

El hombrecito –en realidad, un muchacho como
de doce o trece años– le dijo que no era un duende, sino
un ser humano de carne y hueso, que había sufrido aquella
metamorfosis como consecuencia de la maldición de un duende
verdadero, al que había intentado cazar. Cuando aquello había sucedido, dijo
el minúsculo muchachito, él era un chico de estatura normal al que le gustaba
molestar a todos los que le rodeaban, fuesen animales o personas. Y continuó
contando que llevaba muchos meses lejos de su casa, siguiendo el viaje migratorio
de una bandada de gansos silvestres, a caballo sobre uno de los gansos domésticos
de la granja de sus padres, que se había unido a la bandada.

Por las aventuras que el diminuto muchacho había
corrido en su viaje, Selma comprendió que aquel chico,
que en la vida cotidiana era tan desagradable para
los que le rodeaban, había sufrido una gran transformación,
ya que en su condición de ser minúsculo había ayudado
a sobrevivir y a salvarse a muchos seres
vivos, luchando con intrepidez
contra animales que resultaban
gigantescos para él, como
zorros, ratas o cornejas,
y arriesgando su vida y su libertad
en tales empresas. Pero aparte
de aquellas aventuras peligrosas, el viaje
de Nils Holgersson, que así se llamaba el minúsculo muchacho,
le había hecho conocer la armonía, diversidad y hermosura
de la naturaleza, las modificaciones que había hecho en ella
el esfuerzo humano para cultivar la tierra, explotar las riquezas
mineras, levantar ciudades, abrir caminos y construir vías férreas
y puertos. Su viaje le había permitido también escuchar, de boca
de muy diversos narradores, una cantidad extraordinaria de cuentos,
leyendas e historias reales. Así, de manera paradójica, la misma
transformación que le había hecho menguar físicamente, hasta
convertirlo en un ser diminuto, le había hecho crecer en conocimientos
e imaginación y, al obligarle a compartir la vida de los seres pequeños
e indefensos, le había hecho entender el sentido de la solidaridad.

El minúsculo muchacho sabía también que la maldición concluiría cuando
regresase a su casa, tras el largo viaje y su estancia en el norte, pero que su regreso
supondría el sacrificio del ganso doméstico que le había llevado sobre él y dejado
dormir bajo sus alas, y que había sido su amigo. Por eso, el muchachito estaba
dispuesto a renunciar a su anhelado regreso y a la recuperación de su tamaño normal.
Pero Selma Lagerlöf, que luego contaría la historia para que todo el mundo
la conociese, supo al fin que Nils Holgersson volvió a su hogar y recobró su tamaño
anterior y que sus padres, llenos de alegría, no solamente no mataron a aquel
ganso sino que hicieron sitio en el corral a la familia que, con una ganso silvestre,
había formado el animal a lo largo de su extenso viaje.

Dijo Okka, la vieja ganso silvestre:
Si verdaderamente crees que has aprendido
alguna cosa buena entre nosotros, ¿verdad
que opinarás que no sólo los humanos tienen
derecho a vivir en la tierra? Piensa
en el hermoso país que tienes. ¿No podías
conseguir que se nos reservaran algunos
lugares donde nosotros, pobres animales,
podamos estar tranquilos?

Dick Sand

Un capitán de quince años,
de Jules Verne

Hoy el señor Weldon ha celebrado una gran fiesta
en honor de Tom, Bat, Austin y Acteón, que llegaron
por fin el pasado día 15, liberados de su esclavitud.
Me emocionó que, al final, la señora Weldon hiciese un brindis
por mí: «¡Por el capitán de quince años!», exclamó, y yo vi afecto
y calor en los ojos de todos.

Dios mío, han pasado ya más de cuatro años y, aunque aún no he cumplido
los veinte, siento vértigo al pensar en la responsabilidad que entonces cayó sobre mí, y hasta
qué punto la maldad humana y las circunstancias fortuitas estuvieron a punto de hacer que
nuestra aventura terminase en tragedia.

Claro que yo, para sobrevivir, estaba acostumbrado
desde mi infancia a tomar decisiones por mí mismo,
pues nunca conocí a mis padres –recién nacido,
fui abandonado entre las arenas del cabo Sandy Hook,
cerca de Nueva York– y desde los ocho años,
en que subí a un barco en calidad de aprendiz,
he navegado en barcos muy distintos y por mares

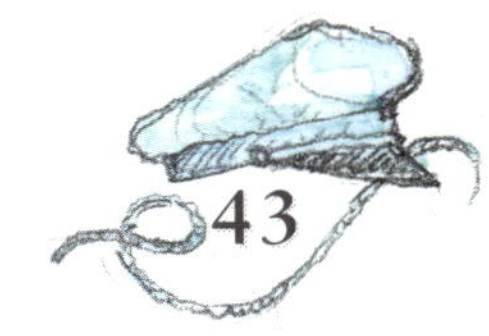

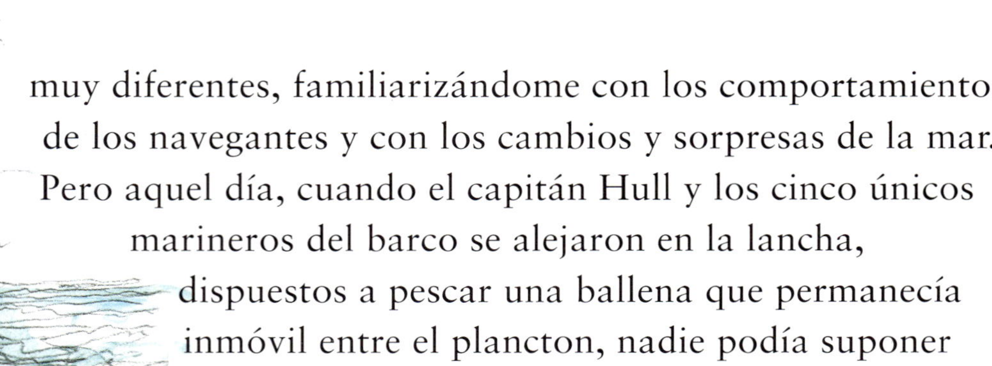

muy diferentes, familiarizándome con los comportamientos
de los navegantes y con los cambios y sorpresas de la mar.
Pero aquel día, cuando el capitán Hull y los cinco únicos
marineros del barco se alejaron en la lancha,
dispuestos a pescar una ballena que permanecía
inmóvil entre el plancton, nadie podía suponer
el alcance que iban a tener las palabras del capitán
Hull, al encargarme a mí del mando del barco
durante su ausencia, como único a bordo
del oficio marinero, aunque fuese el grumete.

Luego, impotentes, asistimos al terrible
espectáculo de la ballena enfrentada a sus pretendidos
pescadores y aniquilándolos
con sus poderosos coletazos.
Y a mí me correspondió intentar conducir
desde aquel lugar, en mitad del Pacífico, hasta
Valparaíso, en la América del Sur, el *Pilgrim,*
un bergantín-goleta de tres palos y cuatrocientas toneladas, sin otra
ayuda que la de la señora Weldon y su criada Nan, el pequeño Jack
–que entonces tenía cinco años–, un primo de la señora ocupado
solamente en buscar insectos, los cinco norteamericanos de color
que habíamos hallado náufragos días antes y que, aunque llenos de buena
voluntad, no sabían nada de las cosas de la mar y la navegación,
y el cocinero, un tipo hostil llamado Negoro, que había contratado
el capitán Hull antes de zarpar de Nueva Zelanda.

Fueron las trampas secretas de Negoro las que
me confundieron: sobre todo, al variar durante un trecho largo de nuestro
viaje, por medio de un hierro oculto, la dirección de la aguja de la brújula,
y al destruir los instrumentos con que yo calculaba nuestra velocidad.
Así, cuando tras muchos días de navegación y una tormenta
violentísima me vi obligado a encallar el *Pilgrim* al pie
de los acantilados de la tierra firme que habíamos avistado,
tomé por América del Sur lo que en realidad era el continente
africano, pues las traicioneras maniobras de Negoro habían
llevado el barco muy al sur, haciéndonos sobrepasar las últimas
tierras americanas.

44

Su malvado plan
resultó tener éxito y caímos
al fin en manos
de los traficantes
de esclavos, haciéndonos
vivir lo que para mí ha sido
la más cruel y sangrienta
experiencia de mi vida. Pero
Hércules –el gigantesco
norteamericano de color
que habíamos rescatado
del naufragio con sus otros
compañeros– consiguió escapar y,
gracias a él, lograron huir y salvar
sus vidas la señora Weldon,
el pequeño Jack y Benedicto,
el cazador de insectos. También a mí me salvó cuando
estaba a punto de ser sacrificado por los indígenas.
Y con su ayuda superamos muchos otros obstáculos,
a la deriva por el río Congo en una piragua hasta
las cataratas, para llegar por fin al punto donde
nos fue posible ponernos en contacto con el mundo
civilizado.

Por eso, tras el brindis con que la señora Weldon
celebró mi papel en la aventura, yo alcé el vaso
y exclamé: «¡Por Hércules, que fue nuestro verdadero
salvador!», y no hubo nadie que no me secundase
con alegría. Lo que recojo en mi diario, antes
de acostarme, esta noche del 18 de noviembre de 1877.

*–Señora Weldon, ya no tengo la menor esperanza
de encontrar un refugio. Antes de media hora, a pesar
de todos mis esfuerzos, el Pilgrim estará sobre
los arrecifes. ¡Tenemos que acercarnos a la costa!
¡No podré conducir el barco al puerto! Me veo obligado
a perderlo para salvarlos a ustedes, y no puedo
vacilar en la elección!*

Mowgli

El libro de la Selva,
de Rudyard Kipling

Escuchad todos. Ahora
que ya empezáis a cazar
con la manada y conocéis las canciones
del acecho y del regreso, y las canciones del hambre
y la canción de cómo vino el miedo, quiero contaros
la historia de Mowgli, para que podáis comprender cuál
fue el origen de esas canciones que a veces canta en su honor
el Pueblo Libre alrededor de la Peña, después de los Consejos.

Con el nombre de Mowgli, la rana, lo bautizó Raksha, la loba
que le dio de mamar, al ver por primera vez su cuerpecillo desnudo, pelado como
el de las ranas. Pero Mowgli no era una rana, sino un cachorro de hombre, aunque apenas
supiese andar. Un tigre funesto llamado Shere Khan había estado
a punto de atraparlo la noche en que el pequeño,
por casualidad y sin que se supiese de dónde provenía, llegó
a la guarida de Raksha, en estas mismas colinas
de Seeonee.

Una pantera negra llamada Bagheera,
que había vivido cautiva entre los humanos, sintió
simpatía por él y pagó con el cuerpo de un toro
el derecho del cachorro humano a permanecer
entre los animales. Así, Mowgli vivió como

uno más con la familia de lobos que lo había recogido, y fue su preceptor
Baloo, un oso pardo que tenía la misma misión que yo tengo ahora,
la de enseñaros a los jóvenes la Ley
de la Selva. Entre los grandes
amigos de Mowgli estuvo también
Kaa, esa serpiente viejísima
que todavía atrae a los monos
con su mirada, para alimentarse, y Akela,
un lobo que era entonces el jefe de la manada. Y entre
el Pueblo Libre creció Mowgli, aprendiendo los diferentes
lenguajes y haciéndose cada vez más ágil y fuerte.

Mowgli abandonó el Pueblo Libre por primera vez cuando
las intrigas de Shere Khan consiguieron enemistarlo con la mayoría
de los lobos y Akela había perdido la jefatura de la manada. Vivió un tiempo
entre los humanos y cuidaba los búfalos de la aldea, adoptado por una mujer
que había visto en él la imagen de un hijo suyo desaparecido. Con astucia y valor,
Mowgli logró matar a Shere Khan y regresó al Pueblo Libre llevando la piel del gran
tigre como muestra de su victoria. Desde entonces, vivió de nuevo en la selva, realizando
las empresas y las hazañas de que hablan esas canciones. Hizo que la selva invadiese de nuevo
los sembrados y aldeas de los humanos, que le habían maltratado a él y estuvieron a punto
de acabar con la vida de sus padres adoptivos. Nos libró de la destructiva invasión de los Perros
Rojos del Dekkan, haciéndoles caer en una trampa mortal a través de los acantilados donde habitan
los enjambres negros del Pueblo Diminuto. Descendió a los sótanos de la Ciudad Perdida y volvió
a la luz con una joya del tesoro del rey, que protege una guardiana implacable, la gigantesca
cobra Capucha Blanca. Se cuenta también su encuentro con el elefante loco de Mandla,
que había matado a los veintidós bueyes que arrastraban once carros cargados de plata,
y su lucha durante toda una noche con Jacala, el cocodrilo, en los pantanos del norte, y cómo
salvó a Hathi el Silencioso, jefe de los elefantes, de caer en una de esas trampas que esconden
en el fondo un mortífero palo afilado.

Con el tiempo, Mowgli llegó
a ser respetado por los más sabios y osados
animales. Pero había cumplido
ya los dieciséis o diecisiete ciclos
con que los humanos miden
el transcurso de su vida, y a él le llegaron también
los signos misteriosos de ese lenguaje que la naturaleza
utiliza para mantener y propagar la vida de los seres sobre
el mundo. Y sucedió que Mowgli tuvo nostalgia

de la comunidad humana. Cuentan que andaba afligido y confuso, porque
su corazón se desgarraba en la difícil elección entre continuar viviendo
con el Pueblo Libre o buscar la compañía de los de su verdadera especie,
pero sus antiguos amigos Baloo, Kaa y Bagheera ya no podían aconsejarle.

Al fin Bagheera trajo el cuerpo de otro toro, para pagar la triste
despedida, y Mowgli se marchó de la selva. Nunca se le volvió a ver
por aquí. Pero nuestras canciones le recuerdan porque, aunque
era un hombre, vivió con nosotros como el más valiente y fiel
de los hermanos.

Dijo Akela a Mowgli, mientras agonizaba:
—Un hombre eres, hermanito, lobato a quien he vigilado.
Eres un hombre, o de lo contrario la manada
hubiera huido frente a los Perros Rojos. Yo te debo
la vida y tú nos has salvado hoy a todos, de igual
manera que yo te salvé a ti. ¿Lo has olvidado? Todas
las deudas quedan ya satisfechas.
Vete con tu propia gente. Te repito,
luz de mis ojos, que la cacería ha terminado.
Vuélvete donde están los tuyos.

Pippa Mediaslargas

DE LAS AVENTURAS DE *PIPPA MEDIASLARGAS*,
POR ASTRID LINDGREN

¿Que si sé dónde está Villekulla?
¡Cómo no voy a saber dónde está!:
en el límite del pueblo, justo antes del bosque.
Es una casita rodeada por un jardín frondoso, donde
hay muchos árboles, entre ellos un viejo roble.
En el porche de la casita se encuentra habitualmente
un caballo tomando su pienso en una sopera y, en lo alto
del viejo roble, si hace buen tiempo, suelen estar sentados
un niño, dos niñas y un mono.

Entre todos, llama sin duda la atención una de las niñas, que peina
su pelo color zanahoria en grandes trenzas tiesas y que viste una ropa llena
de remiendos y unos zapatones el doble de grandes que sus pies.

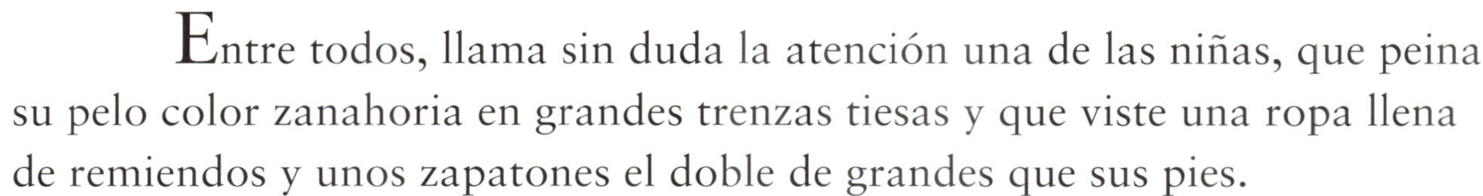

Pero ¿está usted seguro de que debe ir a Villekulla? Perdone
que me meta donde no debería importarme, pero tenga usted cuidado,
mucho cuidado, si es que está buscando a esa niña para intentar
llevársela e internarla en algún hogar infantil.

Claro que vive sola y que no tiene más que nueve años. Y le diré más: al colegio solamente ha ido un día. Seguro que lo lógico y natural es que estuviese metida en alguna institución que la protegiese, pero lo malo es que la niña se empeña en que no necesita de nadie, que puede cuidarse de sí misma, y no hay manera de convencerla de lo contrario.

Los otros dos niños, que son sus vecinos y tienen más o menos su edad, dicen que esa niña no teme a nadie ni a nada, que aprendió muchas cosas viajando por los siete mares y que tiene una maleta llena de monedas de oro para atender a sus necesidades. También dicen que es una repostera espléndida y una excelente inventora de juegos. Cuentan que con ella han hecho estupendas excursiones, han celebrado cumpleaños y fiestas de despedida inolvidables y hasta han vivido como náufragos en una isla desierta. Pero también parece que es una mentirosa tan extraordinaria que, a veces, sus mentiras suenan como verdades asombrosas.

Yo insisto en que tenga usted cuidado con ella, porque esa mocosa es la niña más fuerte del mundo. No exagero si le aseguro que, sin esfuerzo alguno, ha vencido a policías, ladrones y hasta forzudos de circo, como redujo con sus manos a un tigre que se había escapado de la jaula. También le dio la lección que necesitaba al matón de este pueblo, un sujeto llamado Laban, que se dedicaba a abusar de la gente cuando estaba borracho. Imagínese si es fuerte que, a menudo, se la ve paseando por el jardín de su casa llevando en brazos a su caballo.

Por eso, mucho cuidado con las intenciones que le traen a usted por aquí, no salga magullado. En el pueblo hemos aprendido a aceptarla, porque además todos los niños la adoran: salvó a dos de morir en un incendio y gasta sus monedas de oro en golosinas y juguetes para ellos.

Claro que las personas mayores no nos entendemos con ella demasiado bien: normalmente, siempre que ha estado presente en alguna reunión con adultos, las cosas han terminado de manera catastrófica, porque es maleducada, glotona, parlanchina e impertinente. Pero le aseguro que, si no la molestamos, no tenemos nada que temer de ella.

¿Que cómo se llama esa niña? Ella dice unas veces que su nombre completo es Pippalotta Provisonia Gaberdina Dandeliona, y otras que se llama Pippalotta Delicatessa Windowshade Mackrelmint. También dice que es hija de Efraín Mediaslargas, capitán del vapor *Hoptoad*, que un día desapareció en el mar y que, al parecer, en la actualidad tiene el cargo de Rey de los Caníbales en la isla de Kurrekurredutt, en los mares del sur. Pero aquí todos la conocemos como Pippa Mediaslargas.

¿Que le trae usted un mensaje de su padre? ¡Hombre, haber empezado por ahí! Pues siga esta misma calle, hasta el final. No tiene pérdida. Buenas tardes.

No se puede pedir a una niña cuya madre es un ángel y cuyo padre es el Rey de los Caníbales, y que además se ha pasado la vida navegando por todo el mundo, que diga siempre la verdad.

Kim

Kim,
de Rudyard Kipling

¿Quién es Kim? A veces, él mismo piensa:
Yo soy Kim, yo soy Kim… ¿Y quién es Kim?

Vestido a la europea, parece un joven *sahib,*
uno de los muchachos ingleses que viven en la India imperial; pero
vestido con calzones y un turbante azul, todos le toman por
un pobre chico indio, o por un muchacho mahometano, si el turbante es rojo.
Y su dominio de los diferentes idiomas y hablas populares convierte
la apariencia en realidad: la mayoría de la gente, si se le dijese que el chico
es realmente un joven *sahib,* lo consideraría increíble.

La gente, y sobre todo el tratante de caballos
Mahbub Alí, llama a este chico *El Amigo de Todo
el Mundo,* por su actividad de alegre golfillo y avispado
correveidile. Personaje habitual
de las calles de Lahore desde muy niño, osado
y escurridizo, Kim fue criado por una mestiza
fumadora de opio y toda su riqueza se compone
de una bolsita de cuero que lleva colgada del cuello con viejos
papeles familiares y de una profecía que su padre le comunicó
antes de morir: «Te espera un toro rojo en un campo verde
con novecientos demonios».

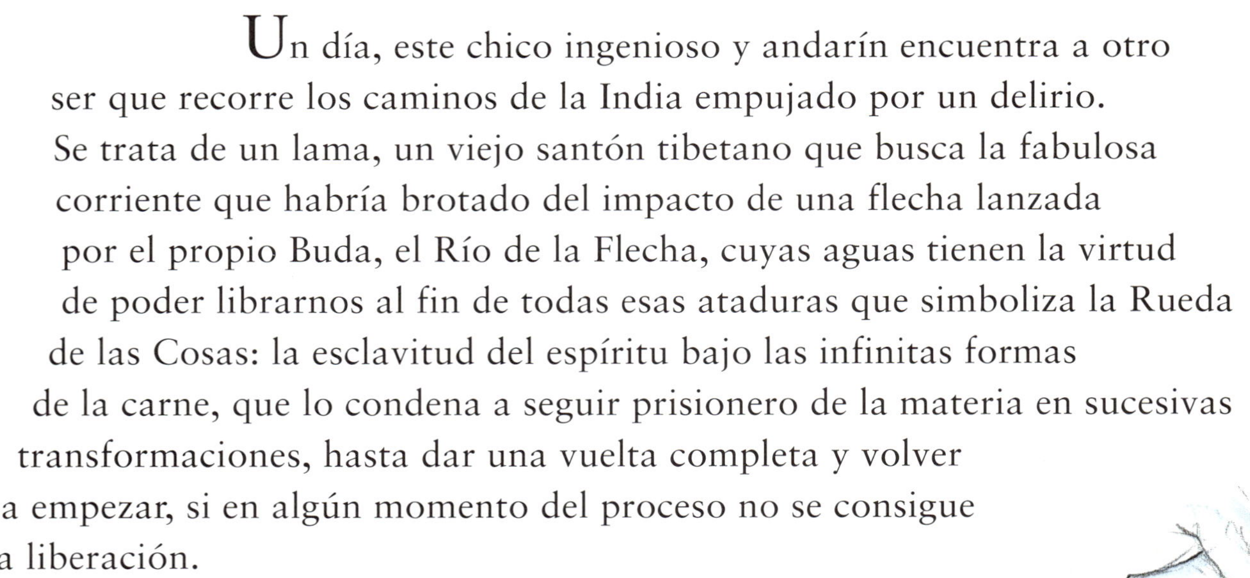

Un día, este chico ingenioso y andarín encuentra a otro
ser que recorre los caminos de la India empujado por un delirio.
Se trata de un lama, un viejo santón tibetano que busca la fabulosa
corriente que habría brotado del impacto de una flecha lanzada
por el propio Buda, el Río de la Flecha, cuyas aguas tienen la virtud
de poder librarnos al fin de todas esas ataduras que simboliza la Rueda
de las Cosas: la esclavitud del espíritu bajo las infinitas formas
de la carne, que lo condena a seguir prisionero de la materia en sucesivas
transformaciones, hasta dar una vuelta completa y volver
a empezar, si en algún momento del proceso no se consigue
la liberación.

Entre el joven Kim y el anciano Tashoo Lama nace
una fuerte simpatía. Kim, capaz de desenvolverse fácilmente
en cualquier circunstancia, siente piedad por ese viejo bondadoso e indefenso,
lleno de sueños, que no tiene quien le ayude. Así, Kim se convierte
en su discípulo y protector, y mendiga para él la caridad de las gentes.
Por su parte, el anciano santón ve en el muchacho un enviado providencial.

En su peregrinación, el viejo lama y su joven *chela* recorren
la India, primero en ferrocarril y luego a pie, por la Gran Carretera. Conocen
gentes diversas y encuentran por fin el toro rojo sobre campo verde: la bandera
del regimiento en que sirvió, como sargento, el irlandés Kimball O'Hara,
que fue el padre de Kim. A partir de entonces, Kim se verá obligado
a integrarse en la vida de los británicos: irá a un internado
y comenzará a vestir, comer y seguir las costumbres
de los *sahibs*. Pero en las vacaciones, Kim se escapa
para recorrer los caminos y recordar su vida
de pícaro. En sus correrías y por medio de Mahbub
Alí –que resulta ser el agente C. 25. 1. B– Kim descubre
el servicio secreto británico y la trama del espionaje
y el contraespionaje. Su valentía y capacidad
para la acción, su profundo conocimiento
de las costumbres indias y su destreza para disfrazarse
de muchacho nativo harán que, adiestrado por Mahbub
Alí y otros agentes, como el bengalí Hurree Chunder
y el misterioso Lurgan Sahib, empiece a convertirse también
en colaborador de lo que él llamará El Gran Juego.

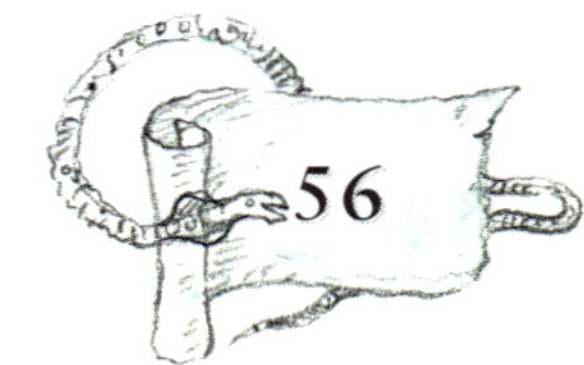

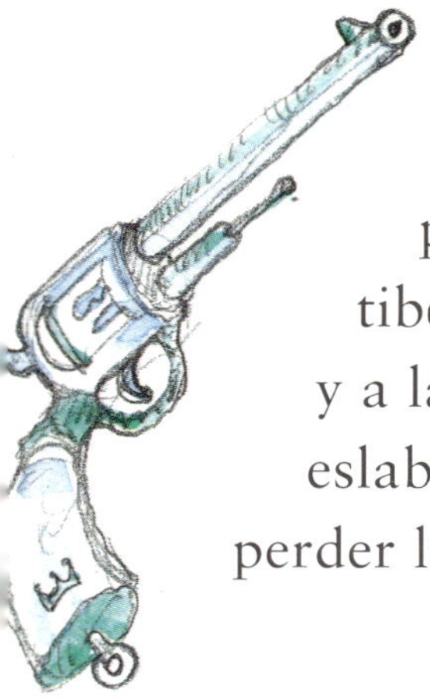

¿Cómo saber quién es Kim?:
por un lado, es el fervoroso *chela* de un santón
tibetano, entregado a la mendicidad
y a la meditación; por otro, es el temerario
eslabón de una cadena de información, que puede
perder la vida si es descubierto.

La aventura le lleva hasta las montañas
del Himalaya, en compañía de su lama, siguiendo
los movimientos de dos espías que están reconociendo
minuciosamente los Pasos del Norte. Y mientras Kim vive
los peligros de su pesquisa, Tashoo Lama sigue buscando
sin desfallecer ese Río de la Flecha, en el convencimiento
de que sus aguas harán que él y su discípulo se vean
al fin libres de las ilusiones de la materia..

– Es una lástima que personas tan buenas
como éstas no se puedan librar de la Rueda
de las Cosas, – dijo el lama.
– No veo lástima, pues de ser así sólo
quedaría en el mundo la gente mala y,
entonces, ¿quién nos daría abrigo
y alimento? – observó Kim, alegremente.

WHRD

Guillermo Brown

DE LAS AVENTURAS DE
GUILLERMO,
POR RICHMAL CROMPTON

—Apuesto lo que sea a que pocos han hecho tanto por su pueblo y por sus familias, sin que nadie se lo haya agradecido jamás –afirmó Guillermo.

Era la última jornada de las vacaciones y los Proscritos estaban en lo alto de la colina de Ringer, tomándose un respiro después de una tarde en que habían sido los primeros en atravesar el Polo Norte –acosados por los osos y los lobos– tras ser hundidos por un submarino alemán, defenderse de los sicarios de Kali y derrotar al general Custer, cuyo corazón habían devorado sucesiva y solemnemente, entre tragos del agua de regaliz que llevaban en la cantimplora que le había regalado a Enrique su tía abuela Jennifer.

La llegada del último crepúsculo de las vacaciones les había puesto melancólicos y, a través de un claro del bosque, contemplaban los edificios del pueblo.

—Apuesto lo que queráis a que es verdad –insistió Guillermo–. Otros pueblos están orgullosos de sus exploradores, de sus investigadores, de los que ayudan a los demás, de la gente de esa clase que nace en ellos.

Hasta les dedican estatuas, y monumentos, y todo eso. Pero aquí… hay que ver cómo son aquí. Exploramos, investigamos, intentamos amaestrar a sus animales, vigilamos a los forasteros sospechosos, procuramos animar las fiestas, ayudar a la gente a relacionarse, ¿y cuál es el resultado? Nos persiguen, nos amenazan, se quejan a nuestros padres, nos castigan.

—¿Y qué decís del colegio? –preguntó Pelirrojo, mientras los ojos de los cuatro reflejaban la misma aflicción–. Allí metidos todos los días, mañana y tarde, aprendiendo cosas como Geografía.

—¡Geografía! –exclamó Enrique, con sarcasmo–. ¿Y qué me dices de la Geometría? ¿Podéis decirme de qué le hubiera servido la Geometría a Robin Hood?

Un suspiro les unió en el mismo sentimiento consternado.

—A nosotros nos han obligado a ser proscritos y sin embargo admiran a tipos que ni exploran, ni investigan, ni están dispuestos a ayudar a nadie, como ese Trevor Monkton o aquel Jorgito Murdock, y aquel Culberto Clive… O les dejan tranquilos, como a ese Huberto Lane y a ese Alberto Franks… A todos esos asquerosos –continuó Guillermo, con amargura–.

Un nuevo silencio desolado cayó sobre ellos y permanecieron inmóviles, incapaces de sacudir el abatimiento. Solo Jumble, el perro de Guillermo, mostraba señales de vitalidad en la obstinada persecución de un abejorro.

—Claro que a Ricardo Corazón de León lo tuvieron preso, y a Napoleón, y también incordiaron a San Francisco, y a muchos héroes y grandes hombres. Los caballeros andantes solían pasarse bastantes temporadas encadenados en mazmorras. Y a los bandoleros generosos y a los corsarios los ahorcaban en cuanto podían ponerles las manos encima –añadió Guillermo, a quien el silencio le había ayudado a reflexionar–. Pero ninguno de esos grandes hombres y héroes abandonó. Y nosotros no vamos a abandonar tampoco. Así que, aunque no nos lo agradezcan, nosotros vamos a seguir ayudándoles, explorando, investigando, vigilando a los forasteros sospechosos y todo lo demás.

Guillermo tomó la cantimplora de agua de regaliz de las manos de Douglas y apuró el último trago.

–Podíamos volver ya –propuso luego–. ¿No tenéis hambre? Además, hemos hecho todo lo que se puede hacer en vacaciones y hay muchas cosas emocionantes que se pueden hacer en el colegio.

Entonces, los demás Proscritos se levantaron también y, mucho más animados, siguieron a su jefe.

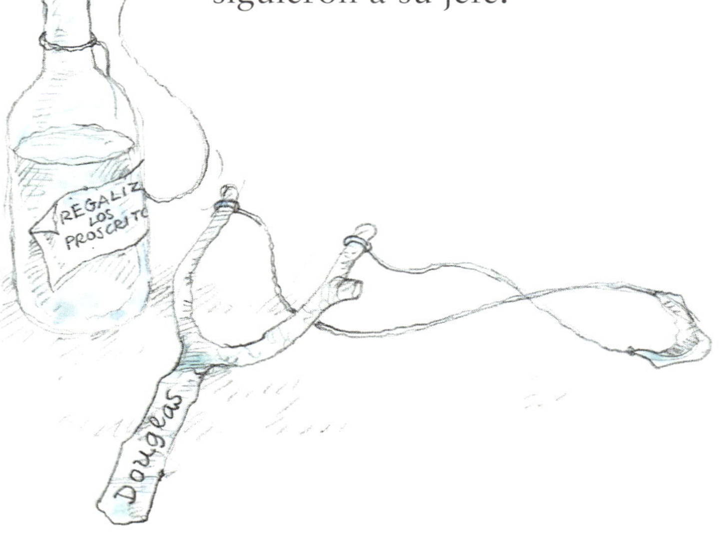

*Ya sabía yo que si le dejaba a Guillermo venir
a ayudarme, todo iría mal. Siempre ocurre lo mismo.
Eso de vender los abrigos de la gente, y eso de robar
luego otros, y eso de conseguir que asistiera
a la fiesta esa terrible mujer que habíamos jurado
no invitar más, y eso de impedir que hablara
el diputado cuando se había pasado la mar de tiempo
preparando el discurso, y eso de echarlo todo a perder...*

Richmal Crompton (1890-1969)

Nació en Bury Lancashire (Inglaterra). Su padre, maestro y pastor de almas, supo despertar en ella una gran afición a la literatura y ya de niña escribía cuentos y poemas. Estudió magisterio y ejerció como profesora en una escuela femenina. Una poliomielitis le obligó a guardar reposo y en su parálisis desarrolló una gran actividad de escritora, recuperando algunos temas que había imaginado muchos años antes, como el del grupo de amigos que bajo el lema de Los proscritos afirman su presencia en el mundo gracias a la imaginación y el sentido de la independencia. Las aventuras de Guillermo y sus amigos comprenden treinta y nueve libros.

Robert Ballantyne (1825-1894)

Nació en Edimburgo (Escocia). A los 16 años, la compañía naviera para la que trabajaba lo envió a la bahía de Hudson, en Canadá, donde permaneció durante siete años, en intenso contacto con el mar y los marineros, los grandes bosques agrestes y quienes en ellos hacían su vida. Regresó a Escocia y comenzó a escribir libros destinados a la gente joven. Fueron muchos, casi ochenta novelas en cuarenta años. En La isla de coral reelaboró el tema de Robinson, la capacidad de supervivencia del ser humano frente a la naturaleza salvaje, pero trató también, entre otras cosas, del sentido de la amistad y del buen resultado del trabajo en equipo.

Rudyard Kipling (1865-1936)

Nació en Bombay (India) y vivió su infancia en Lahore, donde su padre ejercía como director del museo. Concluyó sus estudios en Inglaterra y ejerció como periodista. Fue gran viajero y, aunque defensor a ultranza de la tradición inglesa y del imperio británico, al que entonces la India pertenecía, supo entender y respetar muchos de los elementos fundamentales de las culturas que había conocido en su infancia. Kim, que nació como un homenaje del autor a El Quijote, es también fruto de su fascinación por el mundo oriental. Escritor de muchas otras novelas y relatos, fue galardonado con el Premio Nobel de Literatura en 1907.

Charles Dickens (1812-1870)

Nació en Portsmouth (Inglaterra). Su padre fue encarcelado por deudas y él tuvo que empezar a trabajar a los once años en una fábrica de betún, y luego en oficios diversos hasta ser pasante de abogado y taquígrafo del Parlamento. Como escritor, comenzó publicando artículos y luego numerosas novelas y relatos que le dieron fama y le hicieron ganar mucho dinero. Nunca olvidó sus años de pobreza ni a la gente desdichada cuyas penas había compartido y, consciente de la dureza e injusticia de la sociedad hacia los pobres y los desheredados, dedicó su obra literaria a reflejar aquel mundo que tan bien conocía.

Astrid Lindgren (1907)

Nació en Näs, Vimerby (Suecia). Su padre era pastor de almas y vivió su infancia en la casa parroquial. Trabajó como secretaria en una oficina hasta que se casó. Imaginó las historias de Pippa Mediaslargas para contárselas a su hija Karin, que de niña tuvo que permanecer en la cama por una de esas enfermedades que obligan a un largo y aburrido reposo. Para que otros se divirtiesen con aquellas aventuras, las puso por escrito, las publicó y, a partir de entonces, escribió muchos libros más. Ahora tiene 88 años y está muy mal de la vista, pero su hija Karin se encarga de leerle en voz alta sus libros preferidos.

Selma Lagerlöf (1858-1940)

Nació en una finca llamada Marbacka, en Ostra Emeterwick, Warmland (Suecia), donde vivió durante su infancia. De niña escuchó numerosos poemas y cuentos de boca de sus familiares y leyó mucho. Fue maestra, aunque con los años se dedicó solamente a escribir libros. Las autoridades escolares de su país le encargaron una obra de lectura para las escuelas y escribió Nils Holgersson, *donde reunió, dentro de una aventura extraordinaria que es a la vez un drama personal, historias fantásticas, relatos de la tradición popular y un vigoroso retrato geográfico de su país. Fue galardonada con el Premio Nobel de Literatura en 1909.*

Mark Twain (1835-1910)

Mark Twain es el pseudónimo de Samuel Clemens, escritor norteamericano que nació en Florida (Missouri). Hijo de una familia desafortunada en la vida y en los negocios, vivió su infancia y primera juventud a orillas del río Mississippi. Fue piloto de los barcos de vapor que recorrían el gran río y también impresor, buscador de oro, inventor y empresario, pero sólo como periodista, conferenciante y escritor alcanzó éxito y reconocimiento. Huckleberry Finn *está considerada como una de las novelas fundacionales de la literatura norteamericana. En ella y en* Tom Sawyer *recoge su autor recuerdos de sus aventuras y experiencias juveniles.*

Jules Verne (1828-1905)

Nació en Nantes (Francia). Estudió Derecho, pero su inclinación por la literatura era muy fuerte, de modo que acabó dedicándose a escribir. Creyó con fervor que el progreso científico supondría un decidido avance material y moral para el futuro de los seres humanos. Padre de la fantasía científica, escribió muchos libros y consiguió gran celebridad. Una leyenda lo presenta como un ser sedentario, que nunca se movió de su casa y viajó solamente con la imaginación. Lo cierto es que ya a los once años intentó llegar a la India como polizón de un barco, y que con el tiempo fue propietario de barcos en los que navegó por el Atlántico y el Mediterráneo.

Johanna Spyri (1829- 1901)

Nació en Hirzel (Suiza). Hija de un médico rural y de una poeta bastante conocida en su tiempo, fue formada en la estima del mundo natural como fuente de bondad, educación y cultura. Después de la muerte de su hijo y de su esposo, comenzó a escribir y a publicar libros con protagonistas infantiles que tenían como escenario y referencia las aldeas de su recuerdo, con sus costumbres y paisajes. Sus libros llegaron a ser muy populares. En Heidi, su obra más conocida e influyente, presentó una niña que siente, como un paraíso perdido, la nostalgia de la vida campesina y del contacto con la hermosura de la naturaleza.

Henryk N. Sienkiewicz (1846-1916)

Nació en Wola Okssejska, una aldea de Lituania, cuando ésta formaba parte de Polonia. Pertenecía a una familia de hidalgos terratenientes y católicos. El dominio imperial de los zares rusos sobre su país le provocó un fuerte sentimiento nacionalista y durante toda su vida fue defensor de la identidad nacional y cultural de Polonia. El gusto por las historias tradicionales de su pueblo, la caza y las excursiones por su región natal marcaron su infancia y juventud. Estudió Derecho y Letras. Periodista y viajero, vivió en Italia, España y Asia Menor y exploró el África Central. Escritor famoso, fue galardonado con el Premio Nobel de Literatura en 1905.

Robert Louis Stevenson (1850-1894)

Nació en Edimburgo (Escocia). Empezó estudios de Ingeniería y Derecho, pero los abandonó para dedicarse a la literatura. Él mismo ha contado cómo la lectura de la huida de Edmond Dantés del castillo de If en la novela El conde de Montecristo, de Alejandro Dumas, despertó su vocación de escritor. Fue autor de novelas, cuentos y ensayos. Escribió La isla del tesoro como un entretenimiento para el hijo de su esposa. La flecha negra es fruto de su admiración por el autor de novelas históricas Walter Scott. Su mala salud le hizo viajar en busca de países cálidos y acabó instalándose en la isla de Samoa, en el océano Pacífico.